Emile Verhaeren

Les Apparus

dans mes chemins

BRUXELLES

Paul LACOMBLEZ, Éditeur

Les Apparus dans mes chemins

Resp

8° Ye. 840

Il a été tiré de ce livre :

5 exemplaires sur papier du Japon des Manufactures impériales, numérotés 1 à 5.

10   »   sur papier de Hollande Van Gelder, numérotés 6 à 15.

385   »   sur papier vélin.

DU MÊME AUTEUR :

POÉSIES :

Les Flamandes

Les Moines

Les Soirs

Les Débâcles

Les Flambeaux noirs

PROSES :

Contes de minuit.

Fernand Khnopff (critique).

Joseph Heymans (critique).

Au bord de la Route.

EMILE VERHAEREN

Les Apparus

dans mes chemins

BRUXELLES

Paul LACOMBLEZ, éditeur

34, rue des Paroissiens, 34

——

1891

Tous droits réservés

A Edmond Deman

LA PLAINE

Je veux mener tes yeux en lent pèlerinage
Vers ces loins de souffrance, hélas! où depuis quand,
Depuis quels jours d'antan, mon cœur fait hivernage!

C'est mon pays d'immensement,
Où ne croît rien que du néant,
Battu de pluie et de grand vent.

C'est mon pays de long linceul.

Mes rivières y font de lents serpents
D'eau jaune à travers de grands pans
De terrains planes et rampants.

C'est mon pays sans un seul pli, un seul,
C'est mon pays de grand linceul.

Quelques rares hérons, au bord de marais faux,
Quelques pauvres hérons, dans leur bec en ciseaux,
Tordent, au soir tombant, des vers et des crapauds.

Et quelques vols parfois de corneilles lointaines,
Avec de grands haillons d'ailes, grincent des haines
Aux quatre coins des longues plaines.

C'est mon pays d'immensement,
Où mon vieux cœur morne et dément,
Battu de pluie et de grand vent,
Comme un limon, moisit dormant.

Mes villages au clair — depuis quel temps? —
Et mes cloches vers les vaisseaux partants
Et mes vergues et mes mâts exaltants
Ils sont au fond — depuis quel temps? —
D'estuaires de plomb et de bas-fonds d'étangs?

Mes villages d'enfance et de fierté,
Mes villages de joie et de tours de fierté,
Ils ont sombré — depuis quels soirs? —
D'équinoxes de cuivre en des cieux noirs?

C'est mon pays d'immensement
Où ne croît rien que du néant
Battu de pluie et de grand vent.

La toujours uniformité des jours
Rabaisse en moi le moindre effort
Levé, soit vers la vie ou vers la mort.

Ne plus même crier — mais croupir là toujours
Comme un cadavre en or de proue
En de la vase et de la boue ;
Ne plus même sentir cette douleur
Héroïque de son malheur ;
Rien — que la main de sa rancœur
Etendre un aujourd'hui de cœur
Morne, vers un demain qui sera morne aussi,
Le même qu'hier — et qui toujours comme aujourd'hui
Etendra morne et morne encore
Le lendemain vers l'autre aurore.

C'est mon pays d'immensement,
Où ne croît rien que du néant,
Battu de pluie et de grand vent,
Autour de quoi tournent l'ennui de fer
Et les mécaniques des nuits d'hiver
Et les bâillements des astres et les cieux noirs
En deuil de tant de soirs

Depuis des tas d'années
D'habitudes agglutinées.

Et serais-je toujours l'enseveli
De ces landes d'immense oubli?
Celui pour qui ces vols de haines
Aux quatre coins des longues plaines,
Grincent, depuis quels temps, leurs cris toujours les mêmes?
Celui dont les hérons, la nuit,
Dont les maigres hérons, droit sur la dune,
Avalent, aux minuits de lune,
Immensement, les vers et les bêtes d'ennui.

Et maintenant tes yeux savent ces loins de plage
Où mon si morne cœur, hélas! — et depuis quand? —
Depuis quels jours d'antan fait hivernage.

CELUI DE L'HORIZON

J'ai regardé par la fenêtre ouverte, au flanc
De mon palais de fumée et de pluie :
Les trains tumultueux sous leurs tunnels de suie
Sifflaient, fixés par des fanaux en sang.

Les bars dont les quinquets dardaient des yeux
De hiboux clairs, perchés sur des lattes de cuivre,
En ce quartier d'émeute et de populace ivre
Grouillaient d'un remuement silencieux.

Le port immensement crucifié de mâts
Dormait huileux et lourd en ses bassins d'asphalte ;
Un seul levier, bâti sur un bloc de basalte,
Levait de son poing noir un énorme acomas.

Et sous l'envoûtement de ce soir de portor
Une à une, là-bas, s'éloignaient les lanternes
Et tout au long passaient les hommes des tavernes
Et les folles du rêve en des ruelles d'or.

Quand, plaie énorme et rouge, une voile, soudain
Tuméfiée au vent, cingla vers les débarcadères,
Quelqu'un d'en très grand deuil des mers noires et légendaires
Parut avec son désespoir des Infinis, en main.

Comme des glaives d'or en des étaux de fer
Il enserrait sa rage et ses désirs sauvages,
Mais ses cris grands cassaient les échos des rivages
Et traversaient, de part en part, la mer.

Il était d'Océan, il était vieux d'avoir
Mordu chaque horizon saccagé de tempête
Et de sentir encore et quand même toute sa tête
Hennir vers la souffrance et les douleurs du soir.

Il se voulait supplicié. Il se savait
L'écartelé de son désir. Sur sa croix d'âme
Il se saignait avec de rouges clous de flamme
Et dégustait toute la mort qu'il en buvait.

Sa vie ? — elle s'était dardée en cette foi :
A n'être rien, sinon celui qui s'épouvante
Et des coupants éclairs de son âme savante
Flagelle obstinément les orages du soi.

Effrayant effrayé. Il bâtissait lointain,
Pour une autre existence éclatée en miracles,
En un pays de rocs, tonnants d'oracles,
Où le chêne vivrait, où parlerait l'airain,

Où tout l'orgueil serait : se vivre en déploiements
D'effroi sauvage, avec sur soi la voix profonde
Et tonnante des Dieux qui ont tordu le monde,
Grand de terreur, sous le froid d'or des firmaments.

Et depuis des mille ans il luttait sur la mer,
Gonflant, à l'horizon, les torses de ses voiles,
Toujours, vers les lointains des plus rouges étoiles
Dont les verres de sang se cassaient dans la mer.

LA PLAINE

Par les plaines de mon âme, tournée au Nord,
Le vieux berger des novembres mornes, il corne,
Debout, comme un malheur, au seuil du bercail morne,
Il corne au loin l'appel des brebis de la mort.

L'étable est faite en moi avec mon vieux remord,
Au fond de mes pays de tristesse sans borne,
Par les plaines de mon âme, qu'une viorne,
Lasse de ses flots las, flétrit d'un cours retord.

Toisons noires à croix rouges sur les épaules
Et béliers couleur feu rentrent, à coups de gaules,
Comme ses lents péchés, en mon âme d'effroi.

Le vieux berger des novembres corne tempête :
Dites quel donc éclair a traversé ma tête
Pour que, ce soir, ma vie ait eu si peur de moi?

LES LOINTAINS

En de lourd sonnantes bouées,
Au long des plages de la mer,
J'ai mis mon âme
Sonnante, au long des plages de la mer.

Les navires cavalcadeurs,
Sabords de cuivre et tillacs d'or,
Mon âme
Au long des eaux qui vont au Nord,

Battant son glas, les accompagne,
Mais reste, avec des liens de fer,
Avec des ancres et des liens de fer,
Rivée, au long des plages de la mer.

Mon âme elle est aux sables de la mort,
Mon âme elle est roulée, elle est foulée,
Elle est rongée et saccagée,
Elle est dans la tempête de la vie
Mangée aux sables de la mort.

Les navires cavalcadeurs,
Leur avant d'or bouillant d'écumes,
Tous pavillons comme des plumes,
S'en vont, vers les ailleurs,
Là-bas, où des glaciers de miroirs d'or
Réfléchiront de haut en bas
Leur joie et leur essor de mâts
Et leurs voiles en des murailles blanches!

Mon âme elle est aux sables de la mort;
Mais ses désirs mal écrasés,
Ils se glissent en ces vaisseaux, solennisés
D'une royale et volante armature,
Qui passent vers l'espace.
Les mousses bleus chantent dans la mature,
Le pont reluit, toute vague soleille
Et le tortil du pavillon, dans l'air,
Fouette la nacre et or merveille
D'un jour de Mai parmi la mer.

Et mon âme connaît le pays clair
Où le silence est une joie
Qui dans l'argent et la neige flamboie;
Elle connaît la grotte en diadème,
Belle de froid et de socles de gel,
Où le luxe de feux myriadaire est tel
Qu'elle s'éblouit elle-même
Et dans son cœur se satisfait.

Et mon âme est celle qui sait

Que le bonheur est dans le froid

Dans le sommeil et le silence, et croit

Aux pays blancs et immobiles

Posés — tels des marbres — sur des pôles tranquilles.

En de lourd sonnantes bouées

Au long des façades et des monts de la mer

Sous des vagues et des vagues foulées

Mon âme

Tinte son glas au long des sables de la mer.

Le phare à feux rouges du pays de la boue,

Lorsque tombe le soir, secoue

Comme un meurtre chevelu d'or dans l'air,

Alors des crins de lumière battent mon âme,

Elle s'avive, une heure, au sang de cette flamme,

Puis retombe, lourde bouée,

Vers les ténèbres renflouée.

Ou bien c'est le cormoran noir
Qui vole autour, comme un haillon de nuit,
Et stride un cri de désespoir
Et sans même s'être arrêté, s'enfuit.

Ou bien lorsque la vague est basse,
C'est le babil de roseaux roux
Que le vent brasse en ses remous
Et que Novembre casse.

En de lourd sonnantes bouées
Au long des plages de la mer
Mon âme elle est clamante et gémissante.

Vous les Nixes, là-bas, aux ceintures de givre,
De glaçons bleus coiffées,
Qui réservez pour vous ce don de vivre
Claires dans la stérilité ; reines et fées,
Des lointaines et lucides Baltiques,

Sous les ciels d'or lunaire au Nord,

Quand vous tiendrez en vos pâles bras forts

Mes vieux désirs embarqués sur la mer,

Epuisez-les, faites-les pierre — et que leur sort

Après tant d'uffres soit du moins : d'être des morts,

Cœur contre cœur, cœur de gel, cœur de rêve,

Pénétrez-vous en vos noces de cristal blanc

Et que tous deux quand votre nuit s'achève,

Il vous reste la mort profonde en votre flanc.

Car mon âme que l'infini saccage

Et que les vaisseaux d'or frôlent de leur voyage,

Veut bien pourrir aux sables de sa plage ;

Mais sans ses désirs fous — en paix!

UNE HEURE DE SOIR

En ces heures de soirs et de brumes ployés
Sur des fleuves partis vers des fleuves sans bornes,
Si mornement tristes contre les quais si mornes,
Luisent encor des flots comme des yeux broyés.

Comme des yeux broyés luisent des flots encor,
Tandis qu'aux poteaux noirs des ponts, barrant les hâvres,
Quels heurts mous et pourris d'abandonnés cadavres
Et de sabords de bateaux morts au Nord?

La brume est fauve et pleut dans l'air rayé,
La brume en drapeaux morts pend sur la cité morte ;
Quelque chose s'en va du ciel, que l'on emporte,
Lamentable, comme un soleil noyé.

Des tours, immensément des tours, avec des voix de glas,
Pour ceux du lendemain qui s'en iront en terre,
Lèvent leur vieux grand deuil de granit solitaire,
Nocturnement, par au-dessus des toits en tas.

Et des vaisseaux s'en vont, sans même, un paraphe d'éclair,
Tels des cercueils, par ces vides de brouillard rouge,
Sans même un cri de gouvernail qui bouge
Et tourne, au long des chemins d'eau, qu'ils tracent vers la mer.

Et si vers leurs départs, les vieux môles tendent des bras,
Avec au bout des croix emblématiques,
Par à travers l'embu des quais hiératiques,
Les christs implorateurs et doux ne se voient pas :

La brume en drapeaux morts plombe la cité morte,
En cette fin de jour et de soir reployé,
Et du ciel noir, comme un soleil noyé,
Lamentable, c'est tout mon cœur que l'on emporte.

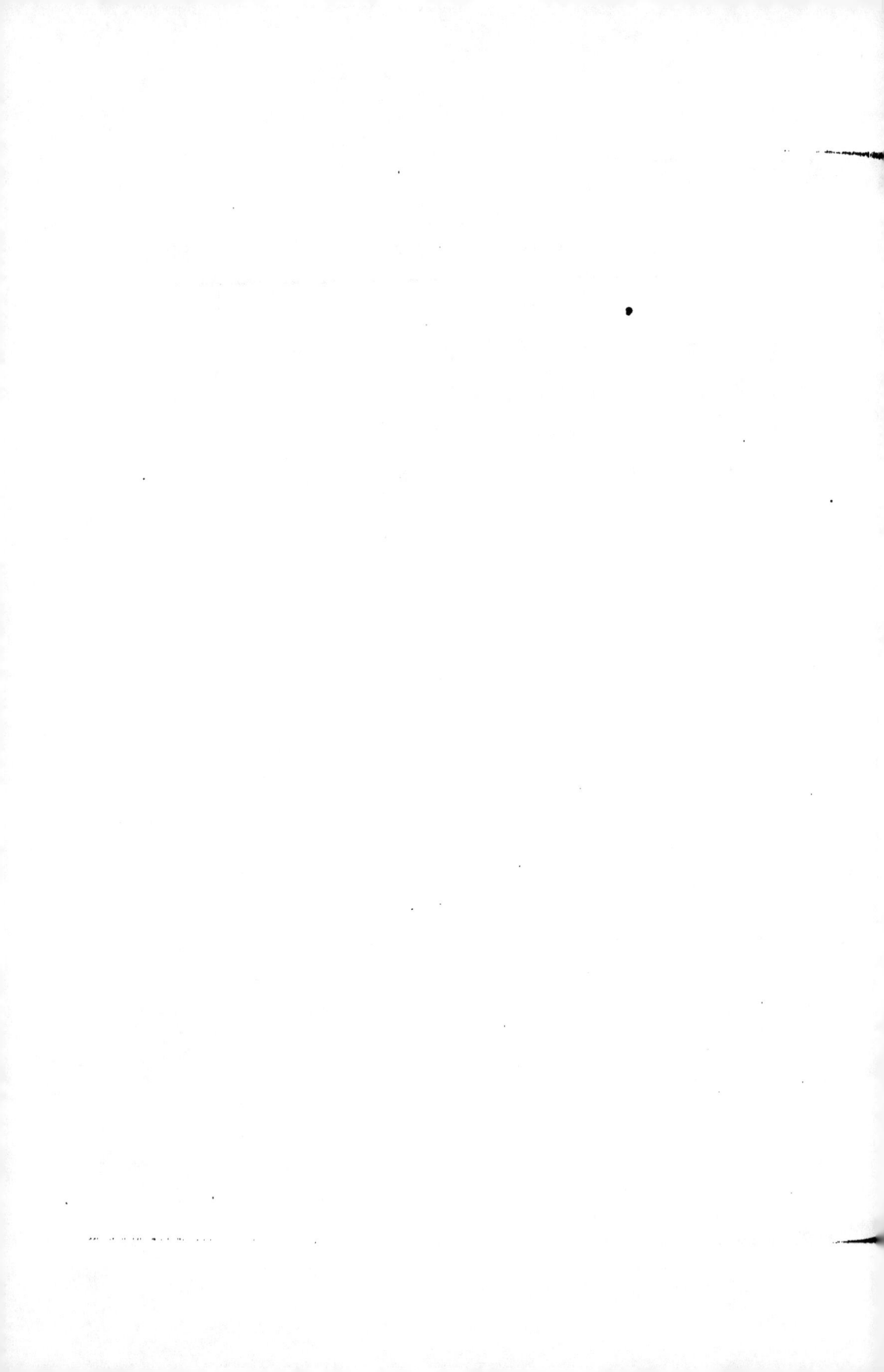

CELUI DE LA FATIGUE

L'homme des soirs de la fatigue
A regarder s'illimiter la mer,
Les bras pendants, le front de sa sueur au clair,
Devant mes yeux, là-bas, s'est assis sur ma digue.

La cendre et l'âtre éteint des rêves,
La poussière des humaines sciences brèves,
La volonté, sans plus aucun sursaut de sèves,
Tombaient en guenilles parmi son corps :
Cet homme était vêtu de siècles morts.

Sur la flaccidité de ses membres de peau,
L'araignée eût tissé ses toiles,
L'oiseau filigrané son nid et le crapaud
Infiniment bâillé ses yeux vers les étoiles.

Il n'était plus la vie et pas la mort,
Il était la fatigue inassouvie.

Depuis qu'il avançait pour saisir le soleil
De ses pauvres mains d'homme,
Our et Memphis avaient ployé sous Rome,
Thèbe était vide et Babylone était un breil ;
Et Rome était Paris, Paris devenait Londre
Et Londre était déjà parti parmi les mers.

Il avait vu brûler d'étranges pierres,
Jadis, dans les brasiers de la pensée ;
Les feux avaient léché les cils de ses paupières
Et son ardeur s'était cassée

Sur l'escalier tournant de l'infini ;
Sa tête lourde était un monde vide
Où gyroiaient encor une lumière, avide
D'être un feu d'or sur un marais terni.
Mais rien ne présageait la claire apothéose.

Il traînait après lui une aile grandiose
— Ridicule — dont les pennes tombaient ;
Les nuages étaient vitreux qui le plombaient ;
Et la chimère, elle était flasque
Sur l'or, immobile pourtant, parmi son casque.

Lassé du bien, lassé du mal, lassé de tout,
On eut dit quelquefois qu'il maintenait debout
Encor, un dernier vœu sous l'éclair des contraires :
Ayant tant vu sombrer de choses nécessaires
Qui se heurtaient pour leur rapide vérité,
Lui qui se souvenait d'être et d'avoir été,
Qui ne pouvait mourir et qui ne pouvait vivre

Osait aimer sa lassitude à suivre,
Entre les oui battus de non, son chemin seul.

De tout effort au mieux il se sentait l'aïeul ;
Le sol du monde était pourri de tant d'époques
Et le soleil était si vieux...
Et tant de poings menteusement victorieux
N'avait volé le ciel que de foudres baroques
Et c'est décidément : " Misère ! „ à toute éternité,
Qu'à travers sa planète et sous ses astres,
La tête pâle et toute en sang de ses désastres
Vers ses millions d'ans criera l'humanité.

Certes — mais se blottir en la rare sagesse
Où rien ne transparaît que le savoir
Et la culture en soi de sa faiblesse :
Entr'accorder la mort et le désir, n'avoir
Que le souhait de mitiger sa maladie,
L'aimer et la maudire et la sentir

Chaude comme un foyer mal éteint d'incendie ;
Se déployer sa peine et s'en vêtir ;
Etre de ses malheurs mêmes, l'orgueil !
Et l'humble aussi, qui dans les villes passe
Et qui s'assied, son geste en fer barrant le seuil
Du temple, où vont chanter les hommes de sa race.

Et puis le proclamer — mais ne croire à l'espoir
Que pour inversement l'aimer de haine,
Contrarier l'aurore avec le soir,
Se torturer chaque heure avec l'heure prochaine,
Trouver la douceur même à son angoisse, lasse
De n'avoir plus la peur de la menace,
N'éclairer pas d'un trop grand feu
L'énigme à deviner par delà les nuages
Qui fit songer les sages :
Qu'un Dieu connu n'est plus un Dieu.

L'homme des soirs de la fatigue

Tout lentement a soulevé
Comme un trésor desencavé
Sur l'estuaire, où mon âme navigue,
La science de la fatigue.

UNE HEURE NOCTURNE

Mon cœur n'est point ici, mon cœur il est au loin de tous,
Mon cœur heurte la Porte avec du sang sur les verroux,
Là-bas, en des cryptes et des sous-sols, voisins de hâvres,
— Mon cœur il veille au loin de terribles cadavres —

Ce sont des morts qu'on y apporte,
A dos d'hommes et sur des brancards noirs,
Des morts rompus et lourds qu'on jette en blocs,
Avec des chocs, contre la porte.

Mon cœur il veille un multiple remord,
Le sien, là-bas, en chocs contre la porte ;
Et moi je suis son âme effrayée — et la mort
Près de mon cœur elle est là-bas contre la porte.

Ce qu'ils disent entre eux ne s'entend pas.
Mais ce qu'ils se disent, qu'importe !
Je n'entends rien, sinon mon cœur
Souffrir et se tuer contre la porte.

C'est étouffé comme de l'ombre,
Mon cœur qui bat contre la porte,
A l'unisson de chaque mort
Que l'on jette contre la porte.

La nuit surplombe les tombeaux
Et j'écoute contre la porte
Mon cœur blessé, mon cœur cassé,
Morceaux de cœur contre la porte.

CELUI DU SAVOIR

Et me voici d'un grand site de catafalques
Et d'un minuit d'hiver éclatamment veiné,
Où s'incrustent les vestiges et les décalques
De la splendeur et de la peur — l'halluciné!

La science s'y darde en des observatoires
Lenticulés de verres d'or, qui, vers les cieux,
Vers l'or d'espace au Nord des cieux prodigieux,
Braquent comme des trous leurs yeux comminatoires ;

Sur des axes de lois fixes, les astres clairs
Roulent l'éternité du monde en des éclairs
Où s'effarent, par des chemins de solfatares,
L'à-travers tout galop des comètes barbares.

Des étoiles comme des yeux dans de l'airain
Comme de fixes yeux dardent un diadème
Autour d'un front qui s'ignore lui-même
Et sans jamais savoir pourquoi sera : demain.

La terre en ces chaos de feux est une aveugle
Que la lumière, un jour, ne réchauffera plus ;
En des livres précis et des textes élus
Son cataclysme craque et son désastre meugle !

En ce site de catafalques
Où bougent les décalques
De la splendeur et de la peur,
Quelqu'un vêtu d'effroi

S'est lentement, ce soir, arrêté devant moi.

Sa chevelure en feu fouetté
Brassait sur ses tempes de l'énergie ;
Ses yeux étaient usés d'avoir scruté
La science des soirs
Par à travers les forêts d'or de la magie ;
Il m'arrivait des modernes ouvroirs
Où l'on tisse d'aragnéens calculs
Vers le futur des temps et leurs reculs
En avenue au fond des âges.
La barque, par la nuit, des siècles en voyages,
L'intermittent éclat des lumineux faisceaux,
Les astres migrateurs des mers occidentales,
Les constellations présidentales
Tournant des milliers d'ans autour de leurs fuseaux,
Il en savait, il en marquait les destinées.

A détailler les nuits de flamme et de portor

Il lui semblait que sa tête devenait centre
De leur fatal giroiement d'or :
Le lion accroupi au seuil de l'antre,
Le bélier clair cornu d'éclair,
Le scorpion aigu d'écailles invincibles,
Le cygne blanc avec des pieds d'argent,
Et, par delà tout l'infini bougeant,
Le Sphinx illimité des mirages inaccessibles ;
Le soir, avec les étoiles comme des roues,
Les vaisseaux du silence dont les proues
Faisaient des labours d'or dans ses pensées,
La mer toute en remous d'époques renversées,
L'incalculable temps plus jeune encor que vieux,
Le monde éclatant d'or, qui lentement
Entrait en lui par ses deux yeux,
Il l'engouffrait, il le buvait dans sa folie
Avec la joie au clair d'en être le dément.

Il apportait comme remède au tort de vivre,

A l'esprit triste et noir, la dispersion ivre
Dans le hallier des lois et des systèmes,
Infiniment s'embroussaillant eux-mêmes
Et se nouant et se perpétuant hagards,
Par à travers les chocs des inconnus épars,
Plus loin que tout regard lenticulaire
Jusqu'au delà de la puissance de penser.

Dans le trou de néant que nous portons en nous, verser!
Un rêve infiniment de chiffres fous.
Fourmis noires autour du bloc rectangulaire
Où l'on essaye en vain d'asseoir un Dieu défunt :
Toutes lignes droites par des courbes mangées,
Toutes certitudes par des cirons rongées,
Et le cerveau lui-même ainsi que miettes
Disséminé si loin qu'il ne se sent plus un.

Dans la maison des âmes inquiètes
Il déclarait que le grand don

Etait de se sentir ramifié,
Parmi le multiple multiplié,
De n'éprouver le soi qu'en tourbillon
Qui se volute au vent mystérieux des choses.

A quoi nous induisent toutes les causes
Si la première est inconnue ?
Savoir ? n'est qu'ajourner ses doutes
Sur le chemin barré par les déroutes ;
Les feux des étoiles dans la nuit nue
Brûlent pour éclairer les lucides ténèbres
D'un au delà que nul n'explorera jamais;
Tout problème fascinateur
Est tentateur d'erreur
Et puis — est-ce qu'on sait ce que l'on sait?

Les sens et la raison, qui les contrôle?
Quels tonnerres d'échos célèbres
Recasseront les cieux pour la parole

Qui sait le monde et qui l'a fait?
Ses yeux vidés d'horreur,
Sur ses oracles morts, dort la Sybille morte,
Et les voyants, ils ont eu peur de leur terreur.

Sur l'illusoire Vérité clos désormais ta porte :
Vivre, c'est se rouler en une anomalie
D'efforts sans but, de recherches en vain,
De sciences dont n'apparaît la fin
Qu'en mécaniques d'or tissant de la folie.
Dites : les gouttes d'eaux, les grains de sables
Brassés au creux des flots nouant leurs flots
Aux flots montants des Océans incondensables,
Dites : les chocs des temps sur les chaos
Et ceux des textes et des faits
Et la bataille au loin de l'infini qui bouge !
Et tiens pour toi qu'il n'est, parmi tous les projets,
Qu'un bien : le mors aux dents d'un cerveau rouge
Qui se tue à chercher — mais ne conclut jamais.

UNE HEURE DE SOIR

Mon cœur ? il est tombé dans le puits de la mort.
Et sur le bord de la margelle,
Et sur le bord de la vie et de la margelle,
J'entends mon cœur lutter dans le puits de la mort.

— Et le silence est affrayant
Il est béant le lent silence ! —

Comme un morceau de gel
La lune aussi au fond du puits
Paraît en visage éternel.

Mon cœur est un quartier de chair,
Un bloc de viande sanglante,
Mon cœur, il bat au fond du puits
Contre un morceau de lune ardente.

— Et le silence et le grand froid
Et par la nuit le pâle effroi
D'un ciel plein d'astres en voyage —

Au fond des citernes de mort,
Mon cœur il bat encor,
Certes, il bat sa mort,
A coups de fièvre sur la lune.

La lune a lui parmi les eaux s'allie

Avec ses coins étincelants ;
La lune est un hiver de miroirs blancs
Sur l'eau des Nords du sort ;
La lune est un bloc de folie
Une bouche de gel
Qui mord un cœur essentiel.

Les tenailles des minuits clairs
Serrent ce cœur entre leurs fers ;

La patience des pointes du givre
Criblent ce cœur ardent de vivre ;

Déjà les eaux, couleur de son cadavre,
Roulent ce cœur avec de lents remous
Et des hoquets en de grands trous ;

Et certe, un soir, la lune enfermera
Ce cœur, malgré ses battements de haine,
Comme une pierre en une gaine.

— Alors que le grand froid sauvage
Et par la nuit le vague effroi
D'un ciel plein d'astres en voyage
Définiront sa mort par cette image.

CELUI DU RIEN

Je suis celui des pourritures grandioses
Qui s'en revient du pays mou des morts ;

Celui des nords du sort, celui du lourd dormir,
L'accablé morne et le ployant au souvenir
De ses îles là-bas en guirlandes de viande,
Où dans les floraisons somptueuses du soir,
Songent les yeux en disques d'or du crapaud noir.

Terrains tuméfiés et cavernes nocturnes
Et les grottes bâillant l'ennui par les crevasses
Des tourbières et des morasses.
Voici le lieu des pus et des tumeurs, voici :

Et cette île se lève et vient vers ta mancie
Et vient par moi vers toi, comme éclaircie
De phosphorique et mercurielle splendeur,
Montueuse de nuit et compacte d'odeur,
En monstrueux fumiers d'horreur, amoncelée :
Ceux qui gisent la cervelle lenticulée
Voyant trop grand — et les mornes de l'Infini
Et les crucifiés sur leur soleil terni
Et les hallucinés vers leur propre regard
Qu'ils recherchaient, le soir, dans l'horizon hagard ;
Les tournoyants du rêve et les fervents des sorts
Tous les partis vers la folie. ils sont les morts
Et les fumiers de mes charniers.

A mes arbres de lèpre, au bord des mares,
Sèchent ton cœur et tes loques baroques
Vieux Lear — et puis, voici les noirs Hamlets bizarres
Et les corbeaux qui font la cour à leurs cadavres ;
Voici René, le front fendu, les pleurs transies,
Et les mains d'Ophélie, au bord des havres,
Sont ces deux fleurs blanches, moisies.

Et les meurtres ils font des plans de pourritures
Sur l'escalier de rocs, qui mène aux dictatures
De ce pays de purulence et de sang d'or.
Sont là, les carcasses des empereurs nocturnes,
Nérons de bronze et Tibères, en mes minturnes,
Monumentaux d'ébène et de portor.
Leur crâne est chevelu de vers — et leur pensée
Qui déchira la Rome antique en incendies
Bout ses ferments en une orbite usée ;
Des lémures tettent les pustules du ventre
Qui fut Vitellius — et les hydrocardies

Crèvent sur les tumeurs des fleuves de poison.

Je suis celui du pays mou des morts.

Et livides et mornes éponges, dans l'antre,
Où des pieuvres dressent la vigne en floraison
De leurs suçoirs tordus, voici les cerveaux, grands
D'avoir conçu le monde avec ses lois fatales :
Les saisisseurs au poing ûes systèmes errants,
Ailes toutes rouges, autour des Nuits — Vestales
De l'inconnu qui rêve en les regards de Dieu.
Aussi les cœurs brûlés de foi, ceux dont le feu
Étonnait les soleils de sa lueur nouvelle ;
Amours sanctifiés par l'extatique ardeur :
« Rien pour soi-même et, sur le monde, où s'échevèle
La luxure, l'orgueil, l'avarice, l'horreur,
Toute la terre ! inaugurer, torrentiel
De sacrifice et d'âme immense à tous, un ciel ! »
Et les marmoréens maçons de leur superbe,

Les bâtisseurs d'orgueil avec des blocs de fer
Si lourdement rejoints que ni les fleurs ni l'herbe
N'y trouvaient place ou remuer leur printemps clair ;
Et les Flamels tombés des légendes gothiques
Et les avares blancs qui se mangent les doigts
Et les guerriers en or immobile, la croix
Escarbouclant d'ardeur leurs cuirasses mystiques
Et leurs femmes dont les cheveux étaient si doux,
Voyez — sanguinolents et crus — ils sont là tous.

Je suis celui des pourritures inéluctables.

En un jardin rugueux de moisissures
Je cultive, sur un espalier noir,
La jeunesse qui renia l'espoir,
Les fruits bouffis des flétrissures
Les muscles corrodés et les mornes caries
Des générations taries.

La maladie, elle est ici la vénéneuse
Et triomphale moissonneuse,
Dont la faucille est un croissant de fièvres
Taillé dans l'Hécate des vieux sabbats.

La fraîcheur de l'enfance et la santé des lèvres,
Les cris de joie en le fracas
Des bonds fouettés de vent, parmi les plaines,
Je les flétris férocement sous mes haleines
Et les voici, aux quatre coins de mes quinconces
Par tas jaunes, comme feuilles et ronces.

Je suis celui des pourritures souveraines.

Encor les assoiffés des seins de la beauté,
Les violents vers la splendeur d'éternité
Qui fait chanter Vénus par la mer toute entière,
Les flancs, avec les trous de leur misère,
Les yeux avec du sang, les mains avec des ors,

Les rigides phalus, tordus d'efforts
Cassés — et par les mares de la plaine
Les vieux caillots éteints de la semence humaine.

Celles aussi dont la torture était de se chercher,
Autour du lourd cadavre en rut de leur péché,
Pour s'y mêler et s'y mordre, pâles gorgones ;
Celles qui se léchaient ainsi que des lionnes,
Langues de pierre — et qui fuyaient pour revenir
Toujours pâles vers leur impossible désir
Fixe, là-bas, le soir, dans les yeux de la lune !
Tous et toutes — voyez — un à un, une à une,
Ils sont en de la cendre et de l'horreur
Tombés — et leur carcasse est ma splendeur
D'or et de chairs, au bord des mers phosphorescentes.

Je suis celui des pourritures incessantes.

Je suis celui des pourritures infinies :

Cœur, âme, esprit, cerveau, vertu, courage, foi,
En mon pays de fiel et d'or, j'en suis la loi,
Et je t'apporte ici, le consolant flambeau,
L'offre à saisir de ma formidable ironie
Et mon rire devant l'universel tombeau !

LA PLAINE

Avec la force en l'air de leurs grands bras
Coupés — mes tours gisent par tas sous les flots las.
Les froids brumeux, voici qu'il soulèvent leur corne
Et qu'ils cornent par le soir morne
Vers celle d'attendue hélas! qui ne vient pas.
Mes doigts pourtant, si lents de leur sang lent,
Ils ont filé son linceul blanc ;
Hélas! si la morte pouvait venir
Vers le vieux cœur de mon désir
E. la mort toute avec la morte !

Je m'habille des loques de mes jours
Et le bâton de mon orgueil il plie :
Mes pieds, dites, comme ils sont lourds
De béquiller mon à jamais vers les toujours
Au long du siècle de ma vie !
Mon cœur est un carillon noir
Qui sonne au loin sur le rempart,
Là bas, le soir, qui sonne à vide ;
Mes bras sont vains,
Toute ma tête est vaine
Et mes ardeurs, même ma haine,
Ils ont glissé dans le fossé.

Si la morte pouvait venir !

Mettez des croix au long des routes
Mettez des croix sur le rempart,
N'importe où, mettez des croix, puisque toutes
Diront le sort d'un espoir mort !

Mon pays las que domine ma ville,
Avec un fleuve au loin dans les brouillards,
Il est par à travers mes tristesses épars,
Avec ses lacs en flaques d'huile
Noir-luisantes par le soir noir.

Si la morte pouvait venir !

Mes yeux, ils sont là-bas, à fleur d'un marais noir,
Ils reflètent toute la plaine :
Les murs, les tours à bas, le carillon, le soir,
Toute la plaine sans ma haine ;
Ils sont mes yeux, implorateurs
D'un extrême coin d'or encor,
Dans l'hallali des orages buccinateurs ,
Mais tout à coup le carillon a beau sonner,
Le battant noir a beau tanner,
Je n'entends plus ses glas fendus,
Je n'entends plus

Et vois des yeux là bas me pardonner --
Et c'est elle qui veut venir
Vers le vieux cœur de mon désir,
Non tant la mort, mais elle
La douce en moi et l'éternelle.

L'ACCALMIE

Vers mes plaines grosses de mornes nues,
Les cavales des nords chenues,
Que labouraient des éperons d'éclair
Tannaient leur trot parmi la mer.

Elles traînaient sautants, à travers nuit,
Leurs immensement chariots de bruit,
Si lourdement leurs chariots de chocs
Qu'on aurait cru les cieux cassés par blocs.

Des mâts crucifiés sur fond d'orage
Plongeaient soudain dans leur naufrage ;
Et puis flottaient — vergues tordues,
Comme les morts des étendues.

Les flots soulevaient les murailles
De leur ressac vers leurs batailles
Et leur écume en gueules blanches
Mordait les reins fuyants des avalanches
De grèle et de vents effarés
Qui dans le noir des horizons barrés
Creusaient des trous, ι-bas, pour la tempête.

Lorsque secrètement, dans le matin hardi,
Me consolant les yeux et m'effleurant la tête,
Un clair arc-en-ciel d'or, à l'Orient, grandit.

SAINT GEORGES

Ouverte en tout à coup parmi les brumes
Une avenue !

Et Saint Georges, fermentant d'ors,
Avec des écumes de plumes
Au chanfrein tors de son cheval sans mors
Descend.

L'équipage diamantaire
Fait de son vol un descendant chemin
De la pitié du ciel vers notre terre.

Héros des joyeuses vertus auxiliaires
Sonore et pur et cristallin,
Mon cœur nocturne, qu'il l'éclaire
Au tournoiement de son épée auréolaire !
Qu'ils tintent les babils d'argent
Du vent, autour de sa côte de mailles,
Ses éperons dans les batailles,
Le Saint Georges, celui qui luit
Et vient parmi les cris de mon désir
Saisir,
Mes pauvres mains vers sa vaillance !

Comme un cri grand de foi,
Vers Dieu, il tient levé sa lance,
Le Saint Georges ;

Il a passé par mon regard
Comme une émeute d'or hagard,
Avec, au front, l'éclat du chrème,
Le Saint Georges du haut devoir,
Beau de son cœur et par lui-même!

Sonnez toutes mes voix d'espoir,
Sonnez en moi, sonnez, sous les rameaux,
En des routes claires et du soleil ;
Micas d'argent, soyez la joie entre mes pierres ;
Et vous les blancs cailloux des eaux,
Ouvrez vos yeux, dans mes ruisseaux,
A travers l'eau de vos paupières ;
Paysage, en moi de source et de soleil,
Avec de l'or, qui tremble en du bleu glauque,
Sois le miroir des vols de flamme
Du Saint Georges, vers mon âme.

Contre les dents du dragon noir,

Contre l'armature de lèpre et de pustules,
Il est le glaive et le miracle ;
La charité sur sa cuirasse brûle
Et sa douceur est la débâcle
Bondissante de l'instinct noir.

Feux cassés d'or et rotatoires
Et tourbillon d'astres, ses gloires,
Aux galopants sabots de son cheval,
Raient leur éclair en ma mémoire.

Il vient en bel ambassadeur,
Du pays blanc, bâti de marbre,
Où dans les parcs, au bord des mers, sur l'arbre
De la bonté, suavement, croît la douceur.
Le port, il le connaît où se bercent tranquilles,
De merveilleux vaisseaux, emplis d'anges dormants
Et les grands soirs, où s'éclairent des îles
Soudain, parmi les yeux, dans l'eau, des firmaments.

Ce royaume dont se lève reine la Vierge,
Il en est l'humble joie ardente et sa flamberge
Y vibre en ostensoir dans l'air,
Le tout à coup Saint Georges clair,
Comme un feu d'or, parmi mon âme !

Il sait de quels lointains je viens,
Avec quelles brumes dans le cerveau,
Avec quels signes de couteau
En croix noire sur la pensée,
Avec quelle dérision de biens,
Avec quelle puissance dépensée,
Avec quelle colère et quel masque et quelle folie
Sur de la honte et de la lie !

J'ai été lâche et je me suis enfui
Du monde en un grand moi futile ;
J'ai soulevé sous des plafonds de nuit
Les marbres d'or d'une science hostile

Vers un sommet barré d'oracles noirs.

Seule la mort est la reine des soirs

Et tout effort humain n'est clair que dans l'aurore.

Avec les fleurs la prière désire éclore

Et leurs douces lèvres ont le même parfum ;

Le blanc soleil sur l'eau nacrée est pour chacun

Comme une main de caresse sur l'existence ;

L'aube ouvre un beau conseil de confiance

Et qui l'écoute est le sauvé

De son marais, où nul péché ne fut jamais lavé.

Le Saint Georges, cuirassé clair,

A traversé par bonds de flamme,

Le doux matin, parmi mon âme ;

Il était jeune et beau de foi,

Il se pencha d'autant plus bas vers moi

Qu'il me voyait plus à genoux ;

Comme un intime et pur cordial d'or

Il m'a rempli de son essor

Et tendrement d'un effroi doux ;
Devant sa vision altière
J'ai mis en sa pâle main fière
Le sang épars de toute ma douleur ;
Et lui s'en est allé, m'imposant la vaillance
Et sur le front la marque en croix d'or de sa lance,
Droit vers son Dieu, avec mon cœur.

L'AUTRE PLAINE

Le paysage? il a changé :
Les étalons des vents du Nord
Qui hennissaient et galopaient la mort
Ont fui vers leur lointain : la mort.

Sur des visages de fleurs d'or
Voici qu'un auroral soleil se penche
Et se frôlant de branche à branche
Dans une clarté pourpre éclate en oiseaux d'or.

Pulpeux et lourds comme des bouches rouges
Et lumineux de leurs sèves hautaines,
Sous des rameaux feuillus, qui cachent des fontaines,
L'aube caille le sang des raisins rouges.

On écoute les cristaux purs de l'eau tremière
Sauter sur des escaliers verts ;
Des incestes cuirassés pers,
Parmi les gazons doux, casser de la lumière.

De vieux ormes drapent leurs ombres, d'ou s'ébrouent
Soudain de vifs au clair bouquets de vols,
Et les heures marquent leurs roues
Sur les cadrans des tournesols.

LES SAINTES

Elles sont quatre à me parler avec des voix d'ailleurs,
Toutes frêles, d'entre leurs lèvres lentes,
De belles voix douces et consolantes
Comme leurs robes et leurs mantes
Long-tombantes et longuement calmantes.

L'une est le bleu pardon, l'autre la bonté blanche,
La troisième l'amour pensif, la dernière le don
D'être, même pour les méchants, le sacrifice ;
Chacune a bu dans le chrétien calice
Tout l'infini.

Bonnes mères-vierges, elles parlent lointain,
D'un autrefois, que sais-je, ou d'un demain.
Chacune au long de sa personnelle avenue
Des loins de son couvent floral m'est advenue,
Avec en main la fleur-merveille
Cueillie à l'aube et qui conseille
Des actions p'us belles que tout rêve.
Leur attitude? elle est un glaive
Et droite et fière au ciel se lève ;
Et parmi l'or de l'herbe et les étangs
Et les arbres des bords, rien ne leur est meilleur
Que de pouvoir se regarder longtemps
Et de mirer leur mutuel bonheur
Dans le miroir au clair de leurs yeux nus.

En guirlande tressée, avec leurs doigts menus,
Mains dans les mains, et leurs âmes penchées
Sur les marais de lie
De ma mélancolie,

Tranquilles, elles se sont rapprochées.

Et la première avec ses longs cheveux
M'efface au front la rougeur des aveux,
Elle qui sait ma vie antérieure
Et comme absurde était mon heure.
Pieusement elle écoute me rabaisser moi-même,
Me confesser de mes souillures à mon baptême
Et pour chaque péché son doux pardon
Est si profond — que c'est elle qui pleure.

Sa sœur, elle est blanche comme un dimanche,
Elle est paisible et solennelle
Sans rien qui ne soit clair en elle :
Elle nous fait les tranquillement doux
Les inclinés à deux genoux
Vers la toute misère humaine.
Le creux orgueil et l'audace de plâtre
S'emplument d'or sur leur théâtre

En vain — et se couronnent de leur haine ;
Quand la Bonté paraît, son cœur silencieux
Conquiert si sûrement les soucieux
De leur bonheur et de leur vie
Que c'est elle l'humble, mais la servie.

Chaste violemment, par à travers son cri charnel,
L'amour, il est si haut, qu'il se pense éternel :
Doucement mère avec ses mains d'aurore
L'amante est là qui fait éclore
En des cerveaux de soir la lumière fragile;
La douce infiniment qui sait le cœur d'argile
Et comme il fut lointain
Et qui le tient en main,
Tranquillement, et le gare contre son sein!
En robe long-pendante et dont les traînes
Lui font aux pieds comme des ailes,
L'amour — par elle — il dit des paroles fidèles.

Il est songeur comme les fleurs sereines.

Il regarde par les fenêtres de la vie

Vers les domaines de la mort,

Pour y revivre un jour en poussière ravie

Qui s'aimerait encor.

Sa maison claire est close intimement

Et des rideaux de blanc silence

Tombent sur son mystère et sur sa vigilance ;

Le pain qu'il sert est fait de pur froment ;

Il habite lointain, au rebours des grandes routes,

Là bas, parmi les bois, les carrefours, les voûtes

De l'amical feuillage et près de la fontaine.

Il fleurit simple et sa fierté

Si timide parfois ou gauchement hautaine

N'est que le tremblement de sa clarté.

Et la dernière, elle est la Charité toute âme

Qui regarde le monde avec les yeux de Dieu ;

Pauvre, mais dans ses mains la flamme

Et dans son cœur, par le milieu,
Les glaives d'or de la pitié totale.
Elle est, par au delà de la sagesse étale,
Celle de l'ardente et claire folie,
Qui se saigne le cœur et qui se multiplie
Comme le sang du Christ lui-même ;
Celle qui ramasse jusqu'au blasphème
Pour en avoir douceur et peine :
L'universelle et non coupable Madeleine
La sublime putain du bien
L'abandonnée aux coups de tous, que rien
Ne rebute ni rien ne rassasie.
Par les chemins damnés du monde
Dans la contrée atroce et la ville transie
Des dejetés et des mâchant la-faim,
Elle partage à tous sa passion féconde
Du quand même bonheur humain.
Elle est l'amante violente
L'usée et des lèvres et des genoux

Celle dont les baisers bouchent les trous
Des haillons fous de la détresse ;
Sévère aussi et vengeresse
Et guerrière quand ses drapeaux
Volent dans la révolte et la lumière
Et que son pied, qui casse les tombeaux,
En fait surgir une aube au clair et des flambeaux !

Elles sont quatre à me parler
— Robes chastes et mantes lentes
Et plis et franges consolantes —
Elles font le tour de mon âme
Avec, à travers leurs doigts clairs, la flamme
De leurs parples sur mon âme.
Et quand elles auront dans ma maison
Mis de l'ordre à mes torts, plié tous mes remords
Et refermé sur le moi d'hier toute cloison,
En leur pays d'or immobile. où le bonheur
Descend sur les rives inabordées,

Elles dresseront les hautes idées
En sainte table pour mon cœur.

LES JARDINS

Le paysage il a changé — et des gradins,
Mystiquement fermés de haies,
Inaugurent parmi des plants d'ormaies
Une vert et or enfilade de jardins.

Chaque montée est un espoir
En escalier vers une attente ;
Par les midis chauffés la marche est haletante
Mais le repos attend au bout du soir.

Les ruisselets qui font blanches les fautes
Coulent autour des gazons frais :
L'agneau divin avec sa croix s'endort auprès,
Tranquillement, parmi les berges hautes.

L'herbe est heureuse et la haie azurée
De papillons de verre et de bulles de fruits.
Des paons courent au long des buis ;
Un lion clair barre l'entrée.

Des fleurs droites comme l'ardeur
Extatique des âmes blanches
Fusent en un élan de branches
Vers leur splendeur.

Un vent très lentement ondé
Chante une extase sans parole ;
L'air filigrane une auréole
A chaque disque émeraudé.

L'ombre même n'est qu'un essor
Vers les clartés qui se transposent
Et les rayons calmés reposent
Sur les bouches des lilas d'or.

CELLE DU JARDIN

Je vis l'Ange gardienne en tel jardin s'asseoir
Sous des nimbes de fleurs irradiantes
Et des vignes comme en voussoir ;
Auprès d'elle montaient des héliantes.

Ses doigts, dont les bagues humbles et frêles
Entouraient la minceur d'un cercle de corail,
Tenaient des couples de roses fidèles,
Noués de laine et scellés d'un fermail,

Un calme, imprégné d'or, tressait
Un air filigrané d'aurore,
Autour de son front pur, qui s'enfonçait
Moitié dans l'ombre encore.

Elle portait son voile et ses sandales,
Tissés de lin, mais sur les bords,
En rinceaux clairs, les trois vertus théologales
Etaient peintes, avec des cœurs feuillagés d'ors.

Ses cheveux lents se répandaient soyeux
De l'épaule jusqu'aux gazons de mousse ;
Le silence déclos dans l'enfance des yeux
Etait plus doux, qu'aucune parole n'est douce.

Toute l'âme tendue
Et les deux bras et le désir hagard
Je me levais vers l'âme suspendue
En son regard !

Ses yeux étaient si clairs de souvenir,
Ils m'avouaient des jours vécus semblables;
Oh, l'autrefois se muerait-il en avenir
Dans les tombes inviolables?

C'était certes quelqu'une ayant quitté la vie
Qui m'apportait miracle et reconfort
Et le viatique de sa survie
Tutélaire, par à travers sa mort :

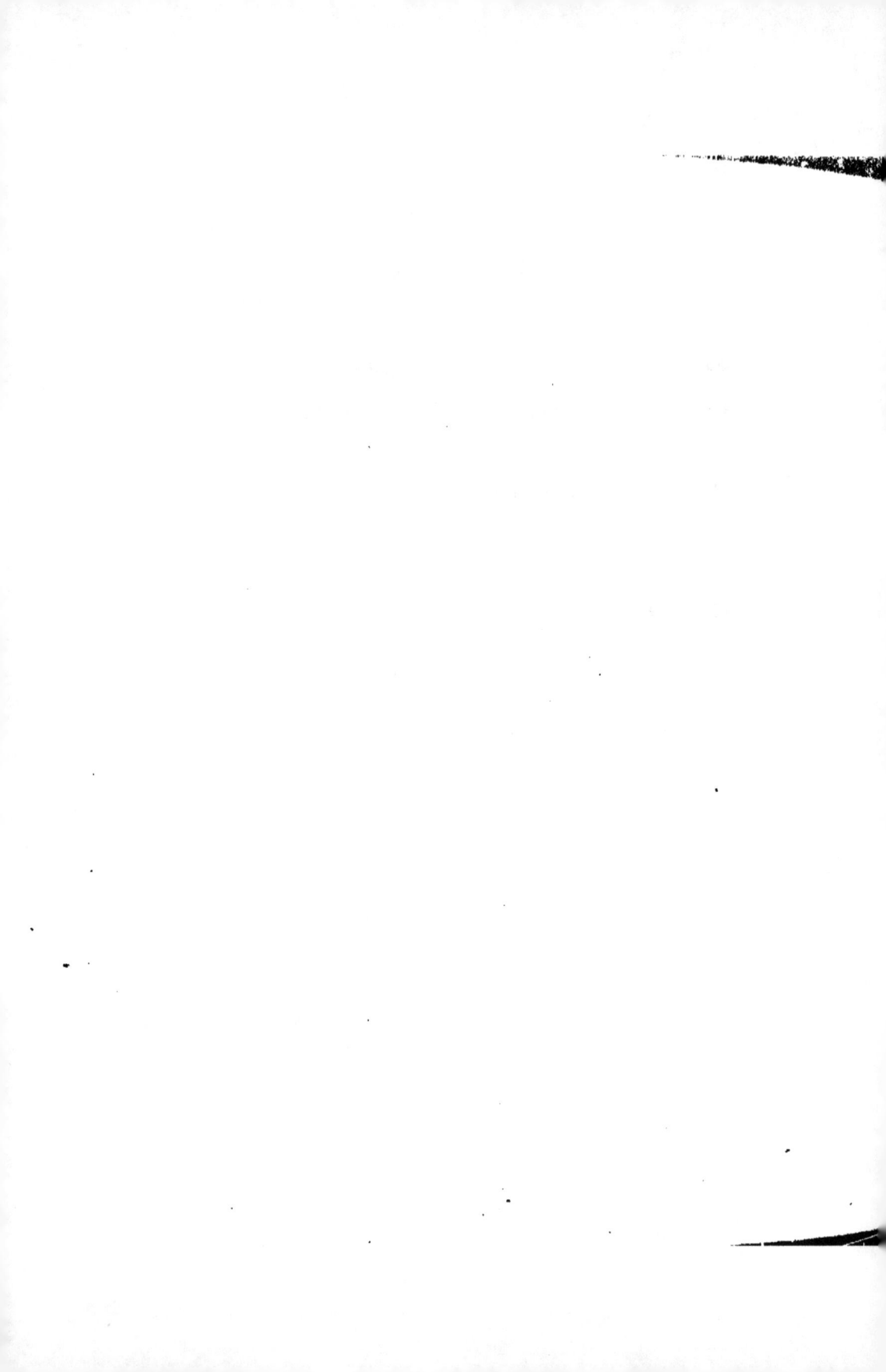

TRÈS SIMPLEMENT

I

Elle était comme une rose pâlie ;
Je la sentais discrète autour de moi
Avec des mains de miel pour ma mélancolie.

Sa jeunesse touchait à ses heures de soir :
Malade aussi, mais droite et volontaire
Et m'imposant de la tendresse et de l'espoir.

Aucune ardeur, qui domptait par secousse,
C'était la sentir droite à mon amour
Qui me tenait dans sa contrainte égale et douce.

Elle, peut-être, a su le texte obscur
De mes rancœurs et de mes lourds silences
Et, dans ma volupté, tuer le lys impur.

Sainte pour elle et claire et lentement
Comme une étoile, un soir d'ombre lucide,
Seule, elle s'en alla fleurir le firmament.

II

Les étoiles diamantent son cœur,
Depuis qu'en des dortoirs de lune,
Elle est dormante au clair de son autre bonheur.

Elle est morte, si lente et bellement
Et si vierge dans l'humble pose

De l'agonie et de la paix de son moment.

Nos grandes mains de consolation
— Oiseaux d'espoir — se sont levées
Vers sa lointaine et attirante assomption,

En un pays si profond de fleurs d'or
Et si transparent de lumière
Que les ombres des fleurs semblent de l'or encor.

III

Et qu'elle me veille la sainte, ainsi
Qu'un pauvre enfant qui vint au monde
Sans trop savoir juger qu'il est, ici,

Tout comme un autre et comme lui :
La morne fleur de sa propre misère
Pour la noire abeille de son ennui

Et le reflet, dans un mirage,
De son toujours isolement
Sinistrement, sur fond d'orage,

Mais dont l'âme, bien lentement
— Après des rages de torture —
Revient au jour d'apaisement,

Grâce à la sainte, dont le cœur
Et les paroles volontaires,
Sur terre, ont fait son cœur meilleur.

IV

Rien n'est bonheur, comme sentir sur soi
Quelqu'un d'au delà de la vie
En qui l'on ait croyance et foi.

Et je la sens si familière
Tendue à chaque instant vers moi

Comme une main avec de la lumière.

Je la regarde aller, passer, venir,
Me doucement frôler avec sa robe
Et me fixer avec des yeux de souvenir.

Elle conduit mes doigts qui lui écrivent
Ces mots pleins d'elle, afin qu'ils soient
De blancs chemins où mes pensers se suivent

Vers elle encore et vers elle toujours
Puisqu'il ne peut plus être une autre qu'elle
En toutes les heures de tous mes jours.

V

Je lui confesse tout comme autrefois,
Bien qu'elle sache aujourd'hui tout d'avance
Et qu'elle entende l'âme avant la voix.

Il n'est rien que je ne veuille lui dire ;
Quand certains soirs, comme vivante, je la vois,
Je joins les mains pour lui sourire.

Je suis l'ardent de sa toute présence,
Je la voudrais plus morte encor
Pour l'évoquer avec plus de puissance.

VI

Douce trépassée au dortoir de mon rêve
N'est-ce pas que c'est bien toi
La forme et le silence de mon rêve ?

Douce trépassée au dortoir de mon soir
N'est-ce pas que c'est bien toi
L'étoile au loin dans les cheveux du soir ?

Douce trépassée au dortoir de mon âme

N'est-ce pas que c'est bien toi
Dont j'écoute l'âme baiser mon âme?

VII

Dans la souvent maison de ma tristesse,
Elle est la tremblante caresse
De la lumière à travers les fenêtres.

Elle est ce qui fleurit de joie,
Dans ma demeure et dans ma voie,
Elle est le son chantant de l'heure.

Elle est la doucement assise
Dans la tranquillité de mon église,
A mes côtes, sur des chaises amies.

Elle est, durant mes nuits de fièvre,
La goutte fraîche sur la lèvre

Et la lampe qui toujours veille.

Elle est ma ferveur réorientée
Ma jeunesse ressuscitée
Un flot d'aurore en une aurore !

VIII

Aussi m'étant le seul présent, c'est elle
L'heure qui sonnera et remplira
Toute l'éternité qu'est l'avenir.
J'aurai ses yeux, ses mains, son cœur,
Pour mains, regards et cœur à moi ;
Ses bras en croix devant les routes
Sinueuses, le soir, vers les déroutes,

Me tourneront vers les chapelles de la foi ;
Ses pleurs d'avance, au roux visage des tentations,
Me feront fuir le mal banal ;

Ses pieds, ils laisseront leurs traces d'or,

Sur le sable de blanc silence,

En mon âme, de sa présence ;

Et je les baiserai et mon effort

Sera de suivre au loin leur litanie ardente

D'empreintes saintes, vers l'attente

De mon départ mortel, en mon seul vrai soupir.

Et tel vivrais-je en elle, afin d'y bien mourir !

TABLE

*Achevé d'imprimer le
vingt novembre mil huit
cent quatre-vingt onze,
par A. Lefèvre, pour
Paul Lacomblez,
éditeur à Bruxelles.*

Paul LACOMBLEZ, Éditeur

BRUXELLES

Bibliothèque poétique